汽车节能减排科普读物

汽车节能驾驶手册

中华人民共和国交通运输部

人民交通出版社
China Communications Press

内 容 提 要

本书是在深入开展全民节能行动的大背景下，结合交通运输节能减排实际和国外成熟经验，为全国的汽车驾驶员朋友编写的节能驾驶知识普及读本。全书图文并茂，从行车、养车等方面生动讲述了节能驾驶、绿色出行的操作要领和关键环节。

本书可供道路运输驾驶员学习使用，也可供广大私家车用户作参考。

图书在版编目（CIP）数据

汽车节能驾驶手册 / 中华人民共和国交通运输部编．—北京：人民交通出版社，2008.10

ISBN 978-7-114-07429-5

Ⅰ．汽… Ⅱ．中… Ⅲ．汽车节油－手册 Ⅳ．U471.23-62

中国版本图书馆 CIP 数据核字（2008）第 154742 号

Qiche Jieneng Jiashi Shouce

书　　名：汽车节能驾驶手册
著 作 者：中华人民共和国交通运输部
责任编辑：王振军　白　峤　翁志新
出版发行：人民交通出版社
地　　址：(100011) 北京市朝阳区安定门外外馆斜街 3 号
网　　址：http://www.ccpress.com.cn
销售电话：(010) 59757969，59757973
总 经 销：北京中交盛世书刊有限公司
经　　销：各地新华书店
印　　刷：北京交通印务实业公司
开　　本：880 × 1230　1/32
印　　张：1.625
字　　数：26 千
版　　次：2008 年 11 月第 1 版
印　　次：2008 年 11 月第 1 次印刷
书　　号：ISBN 978-7-114-07429-5
定　　价：10.00 元

序　言

品质生活是我们的共同夙愿，良好的生态环境是品质生活的基础和前提。伴随着人类社会的文明与进步，汽车迅速走进我们的生活，改变着我们的生活。但汽车社会的快速来临，加速了石油资源的消耗，影响着我们的生态环境；不良的汽车驾驶习惯，会增加不必要的燃油消耗和有害气体的排放。共同维护良好的生态环境，给后代留下必要的生存资源，是我们的社会责任和共同心愿。

汽车社会呼唤“绿色驾驶”——从培养节能驾驶习惯做起，以尽可能小的燃油消耗和尾气排放实现最经济的出行。研究表明，驾驶习惯的不同对汽车燃油经济性的影响可达30%，汽车驾驶节能的空间和潜力巨大。作为驾驶员，方向盘在我们的手中，油门在我们的脚下，节能驾驶需要你我的参与和奉献。真诚地希望大家共同树立绿色驾驶新理念，养成节能驾驶好习惯，节约每一滴燃油，减少每一点排放。

《汽车节能驾驶手册》综合国内外节能驾驶的成熟经验，图文并茂、通俗易懂，从细节入手，为您提供了一些易于掌握、便于操作、行之有效的节能驾驶常识和技巧，希望给您创造效益，带来福安。

交通运输部副部长：

本书编写组

组　长：戴东昌

副组长：徐亚华　汪学君　韩　敏

成　员：蔡团结　王振军　周体光

谭衡鸣　闫长文　史晓华

范　立　蔡凤田　李华强

殷国祥　俞伟民　李宏刚

邹业长　吴爱平　梁　琳

徐彩琴　陈化心　李晓峰

佟浚洲　林炳荣

目　录

一、树立绿色驾驶新理念

“绿色驾驶”是国外普遍推行的驾驶理念和环保理念，意在倡导和呼吁广大驾驶员朋友：养成良好的节能驾驶习惯，以最少的燃油消耗和尾气排放，实现最经济、最高效的出行。“绿色驾驶”已成为汽车社会的一大主题。

随着汽车工业的发展和人民生活水平的提高，全国汽车保有量迅猛增长，汽车燃油消耗量逐年增加。截至2007年底，我国汽车保有量已超过5600万辆，与上年相比增长14%以上。汽车每年消耗不可再生的石油资源约8100万吨以上，每年消耗汽油占全国汽油消耗总量的85%以上，消耗柴油占全国柴油总消耗量的38%左右。能源的紧缺、油价的不断上升、环境污染的日益严重使得汽车节能显得尤为重要。

汽车尾气中含有100种以上的物质，不仅直接危害人类的健康，而且还会对人类赖以生存的环境产生不良的影响。汽车尾气中的氮氧化物和碳氢化合物在阳光的作用下发生化学反应，形成光化学烟雾，能损坏人的眼睛和肺；汽车尾气中的二氧化碳又是产生温室效应、造成地球变暖的主要因素。2007年机动车排放的碳氢化合物、一氧化碳和氮氧化物分别超过了900万吨、4000万吨和700万吨。

近年来，国际油价一路飙升。自2003年以来，国内油价连续多次上调。截至2008年上半年，汽油、柴油出厂价分别是2003年初的2.15倍和2.22倍。对运输企业来说，燃油成本约占到运营成本的40%。与发达国家相比，我国汽车每百公里平均油耗要高出20%以上。研究表明，不同驾驶员在同一道路上驾驶同一车辆消耗的燃料相差可高达30%，节约燃油成为提升运输效益的重要手段。

每位机动车驾驶员都要树立“绿色驾驶”理念，从点滴做起，注重节能驾驶，节约每一滴燃油，减少每一点排放，维护好我们赖以生存的环境。

二、掌握节能驾驶八环节

对汽车燃油消耗影响较大的驾驶操作主要有：发动机的起动、汽车起步、加速踏板的控制、挡位的选用和变换、制动器的使用、发动机温度的保持、滑行的合理运用、停车与发动机熄火等八个环节。

1．发动机的起动

发动机的起动，一般分为常温起动、冷起动和热起动三种。

热起动：发动机温度在40摄氏度以上

常温起动：大气温度或发动机温度高于5摄氏度

冷起动：大气温度或发动机温度低于5摄氏度

起动发动机时，变速杆要放到空挡位置，踏下离合器踏板，以减小发动机的起动阻力。发动机起动后，缓抬离合器踏板，使其平稳接合，将动力平顺地传给变速器输入轴。

发动机起动后保持平稳运转。转速过低、过高，都会使油耗增加。

电喷发动机车辆，起动后1分钟之内起步，低速行驶1~2公里，使发动机、变速器、轴承等一同预热、润滑，既能节省燃油，又能减少车辆的磨损。在冬天气温较低时，低速行驶3~4公里。

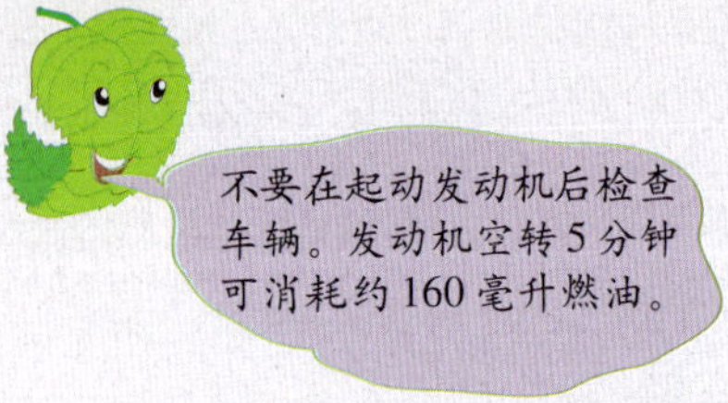

▶不良驾驶行为： 发动机预热时间过长。

严寒天气在没有保温设施的情况下起动发动机，应采取正确的方法，对发动机预热，使发动机易起动、少磨损，并缩短起动与加温时间，达到节油的目的。

常温或热起动发动机时，要做到一次顺利起动。避免短时间反复起动。起动后，不要猛踏加速踏板。

2. 汽车起步

汽车起步操作要做到手脚协调，轻踏加速踏板，缓抬离合器踏板，使发动机既不熄火，又能省油，实现车辆平稳起步。

手动挡车辆起步，要克服车辆的静止惯性，需要有较大的驱动力。小型汽车起步用一挡，大型载货汽车起步可用二挡，以加大车轮的驱动转矩，达到提高汽车起步驱动力的目的。

车辆起步时，左脚将离合器踏板完全踏下，将变速杆置于起步挡位置，左手握转向盘，在左脚松抬离合器踏板至半联动的同时，右手松放驻车制动器操纵杆，右脚适量轻踏加速踏板，左脚继续缓慢抬离合器踏板，使车辆平稳起步。避免因操作不当出现熄火或者踏下加速踏板过早、过晚。

►不良驾驶行为：离合器经常处于半联动状态。

上坡起步要根据坡度大小适量提高发动机的转速。

3. 加速踏板的控制

控制好加速踏板，做到“轻踏、缓抬”，不要猛踏、猛抬或连续地踏、抬加速踏板。猛踏加速踏板（急加速），燃油消耗会成倍增长。对于自动挡的车辆，猛踏加速踏板，既不能迅速提高车速，又浪费燃油。

▶不良驾驶行为： 加速踏板控制不稳。

车辆正常行驶过程中，要尽量做到平稳控制加速踏板，轻踏加速踏板（缓加速）提速，缓抬加速踏板减速。

车辆上坡时要保持发动机动力，不要把加速踏板踏到底，以踏下三分之一至三分之二行程为宜。如果感到动力不足，应及时减挡。将踏板踏到底不但会增加油耗，还会造成发动机动力不足或坡道停车，甚至熄火。

4. 挡位的选用和变换

车辆行驶过程中，随着道路条件、环境和交通流量等情况的变化，需要不断地调整行驶速度，变换挡位，使驱动车轮获得所需的驱动力，以克服变化的行驶阻力正常行驶。如果不能正确地选择行驶挡位，造成低挡高速或高挡低速，都会增加燃油消耗。

挡　位	性　　能	特　　点	备　注
低速挡	传动比大，减速增扭作用显著	主要用于起步、爬陡坡等要求驱动力大的工况，行驶速度慢，耗油量大	不宜长时间行驶
中速挡	低速到高速或由高速到低速的过渡挡位	适用于转急弯、窄路、窄桥会车和通过困难路段等工况，行驶速度稍快，耗油量较大	不宜长距离行驶
高速挡	传动比小，直接传输动力，传递到驱动轮上的转矩较小	适合车辆在较好路况下长距离行驶，行驶速度快，耗油量低	宜长距离行驶

车辆起步后，缓慢提高车速，尽快逐渐从低挡换到高挡。从起步至升入最高挡一般不宜超过20秒，避免低挡高速行驶或急加速。减挡应根据车速选择合适的挡位，避免减挡后有明显的发动机反拖感。加挡、减挡要及时、迅速、准确，做到不超前、不滞后。换挡过程避免因挂错挡或挂

挡不入而造成不必要的燃料消耗。

车辆正常行驶换挡或滑行换挡，要防止离合器接合冲击或长期使用半联动。离合器未接合时，若猛踏加速踏板，发动机会高速空转，浪费燃料；离合器过早接合，而加速踏板没有跟上，造成发动机阻滞，使车速下降，相当于发动机产生制动而使油耗增加。

在山区上坡行驶，失去最佳换挡时机，易造成停车，甚至倒溜，使车辆不得不重新起步，增加了燃料消耗。换挡要做到“高速挡不硬撑，低速挡不硬冲”。

驾驶自动挡汽车，条件好的道路要尽量使用D挡；在市区长时间低速行驶时，应使用3挡或2挡；山区道路行驶，依据道路情况选用2挡或1挡；高速公路行驶，尽量使用超速挡。这样既能使发动机保持动力，又可降低燃油消耗，减少发动机积炭。

5．发动机温度的保持

保持发动机正常温度，可以使发动机具有良好的动力性和经济性，不仅可以降低耗油量，而且还能降低车辆磨损，延长车辆使用寿命。一般厂家规定发动机的最佳工作温度为：加注冷却水的发动机为80～90摄氏度，加注防冻液的发动机为95～105摄氏度，风冷发动机为120摄氏度。

车辆长时间大负荷高速行驶，发动机温度超过最佳温度上限5摄氏度以上时，需要停车或小负荷、低速行驶，让发动机温度慢慢降到正常区域。

发动机温度低于40摄氏度时，车辆应低速行驶，不要让发动机大负荷、高速运转；发动机温度达到40摄氏度以上时，车辆方可进入正常速度行驶。

6. 滑行的合理运用

驾驶车辆滑行时，驾驶员应选择视线清楚、平坦、坚实、路面宽直、行人和车辆较少、路面及道路交通条件允许的路段，在确保行车安全的情况下进行。

减速滑行应采用挂挡滑行的方法，尤其对于电喷发动机汽车来说，当松开加速踏板后，节气门立即从高负荷位置回到怠速位置，但发动机的转速不会立刻下降，此时电脑会指令喷油器停止喷油，发动机不再做功；当发动机转速低于设定转速时会重新供油。

车辆行驶中，发现前方有障碍、路口、人行横道、需转弯、会车、红灯等情况不能保持常速通行的路段，尽量少用或不用制动，提前松抬加速踏板，采用滑行代替制动的方式，充分利用车辆的惯性和发动机的制动作用，实现减速通过或缓慢停车。

▶**不良驾驶行为：**脱挡滑行。

停车时，要根据到停车位置的距离，提前抬起加速踏板，让车辆依靠行驶阻力采取减速滑行，即将停车前踩下离合器踏板轻踏制动踏板，缓慢将车停住。过早开始滑行会使车辆没到停车位置就停下，再重新加速，增加燃油消耗；过晚滑行会使车辆到达停车位置时车速还很高，需要比较重的制动，也要增加燃油消耗。

7. 制动器的使用

正确使用制动器可节约燃料、减少轮胎磨损和延长机件使用寿命。不必要的制动和停车会增加燃料的消耗，制动或停车的次数越多，浪费的燃油就越多。行车中，在保证安全的前提下，尽可能不用或少用制动器，相对减少减速和停车次数，才能达到节省燃油的目的。

未安装防抱死制动系统（ABS）的车辆，使用制动时应轻踏制动踏板缓慢减速，遇紧急情况应采用“先急后松”的减速方法，即：第一次先急速踏下踏板，接着松开踏板缓冲，第二次再踏下踏板，然后慢慢松开踏板。尽量避免使用紧急制动。

8. 停车与发动机熄火

停车要根据不同的气象条件，选择停放位置。停车要做到一次停到位，减少停车时的移车次数。避免停在上坡、积水、结冰或松软的路面。

夏季停车时最好选择阴凉的地方。当在烈日下停车时，应将油箱一侧避开阳光，尽量将车尾对着日照的方向。避免油箱长时间暴晒后，温度过高，造成燃油蒸发或引发事故。

冬季停车注意车辆保温，以减小发动机起动和车辆起步阻力，减少油耗。露天停车要选择有阳光的地方，车头面对阳光。雪地长时间停车应清理车轮下方积雪，防止轮胎与地面冻结。

停车后是否将发动机熄火，要根据具体情况来确定。停车时间过长时，如果继续使发动机怠速运转，会造成燃料浪费，车辆怠速运转1分钟以上的油耗要高于重新起动一次发动机，当停车超过1分钟时，在不影响车辆正常通行的情况下，最好使发动机熄火。

在城市道路长时间停车等待或者装卸货物时，要将发动机熄火。

如果车辆经过高速或爬长坡行驶后，发动机最好在怠速运转30秒左右后再熄火，因为发动机长时间处在大负荷运转状态，温度很高，如果马上熄火会造成局部升温，使发动机热起动困难，增加油耗。

驾驶自动挡车辆因堵车或等人停车超过1分钟的情况下，最好将变速杆置于N挡位置，这样既能减少油耗又能避免变速器油过热，从而保护变速器。停车时间超过3分钟，最好挂在P挡上。临时停车时，只要踩住制动踏板就行了。频繁使用N挡反而会缩短自动变速器的寿命。自动挡车进入停车位置后，踏住制动踏板，将变速杆推到N挡，拉紧驻车制动器操纵杆，松开制动踏板后熄火，最后再将变速杆推入P挡。

▶**不良驾驶行为：**长时间停车不熄火。

三、养成良好的驾驶习惯

良好的驾驶习惯，是驾驶员综合素质和技能的体现，驾驶员在驾驶车辆时做到集中注意力、仔细观察和提前预防，既能确保行车安全，又能节约能源。行车过程中的良好的驾驶习惯主要包括：选择好行驶路线和出行时间；正确的观察、判断和处理交通情况；保持经济车速行驶；行车中不急加速和急减速；有序通过交叉路口；坡道驾驶做到安全滑行；不要频繁变更车道；尽量减少短距离行车；正确使用空调；高速行驶不开车窗。

1.选择好行驶路线和出行时间

出车前规划好行驶线路，综合分析行车中可能遇到的交通情况，选择最优的行车时间和行车距离，注意避开交通高峰、商业集中的街道、车流拥挤的地方、经常容易堵车的线路和学校、医院等人、车较多的地方，减少起步、停车和变更车道的次数，避免不必要的掉头和倒车，保持车辆顺畅地行驶。

考虑出行线路时，行车距离最近不是唯一的选择依据，要顾及到选定的线路是不是有过多的红绿灯尤其重要。红绿灯较多的路段，交叉路口、人行横道较多，行车中制动减速、停车必然会很频繁，还会有意想不到的交通拥堵。

在市区驾驶车辆出行要注意观察道路信息板和收听交通台的交通情况通报，了解道路通行情况，及时避开拥堵路段，尽量选择单行线行驶，提高行驶速度，减少停车、起步的次数，使车辆顺畅地行驶。有条件的可通过车装 GPS 系统，实时监控路况，帮助选择最佳的行车路径。

城市交通高峰期，道路拥堵，车辆行驶缓慢，车辆几乎都是走走停停。在这种环境行车，既不能按时到达目的地，又会大幅增加车辆耗油量。因此，出车应选择或早一点，或晚一点，尽量避开上下班的高峰时段。

长途行车，规划好行车路线对于节约燃油尤其重要。盲目行车或选择行驶线路不正确，会造成多走“冤枉路”。因此，应详细了解沿途道路的情况，尽量选择路线短、道路条件好和穿越城市或村庄少的道路行驶，并在地图上标注最佳行驶线路，最好多设计几条路线，防止意外情况出现。

▶**不良驾驶行为：**出车前不规划行程。

2. 正确观察、判断和处理交通情况

行车中，驾驶员要认真观察道路交通情况，做到看远、顾近、照顾两旁。正确预测交通状况准确的判断、处理道路上各种情况，做到提前利用滑行变道、避让、减速、停车，避免转向过急、紧急制动和多次停车。

▶**不良驾驶行为：** 方向控制不稳。

小知识——交通情况处理的基本规律

驾驶员对交通情况处理的基本规律包括：观察→预测→分析→决定→行动。通过正确观察、判断和处理各种交通情况，不仅可以避免事故，而且也会减少燃油消耗和维护成本。

(1) 观察是要求驾驶员在行车中集中注意力，及时发现道路上各种情况的变化，随时处理各种信息。

(2) 预测是驾驶员要根据道路上各种情况变化规律，对道路上各种障碍物和动态会出现的突然变化要有预见性，做到心中有数。

(3) 分析是驾驶员对即将出现或已经出现的交通变化，瞬间、及时地进行思考怎样做是正确的，否则会出现什么后果。

(4) 决定就是驾驶员通过分析，要采取的正确动作和措施。

(5) 行动就是驾驶员具体去实施正确决定。

3. 保持经济车速行驶

车辆生产厂家在说明书内都注明了经济车速范围，一般常见的手动挡车型的经济车速多为60～90公里／小时，很多厂家公布的油耗都是以90公里／小时的匀速行驶测得的。车辆在行驶中，使用最高挡，保持经济车速最省油。

▶不良驾驶行为：长时间超速行驶。

车型不同、挡位不同，行驶中的经济车速也不同，挡位越高的经济车速油耗越低。另外，经济车速随着道路状况、汽车载荷的变化而变化，路面好、载荷轻，经济车速高，反之经济车速低。行车中根据不同的路况和使用的挡位及车辆载荷情况，尽量将速度控制在相应的经济车速范围内行驶，避免高速行驶。

车速过快时，空气阻力急剧加大，耗油量升高；车速过低，运行效率降低，单位油量所行驶的距离缩短。因此，在市区内行车应合理选择挡位，保持经济车速；高速公路行车，要兼顾省油和效率，略高于经济车速行驶；其他复杂路段和环境中行驶，车速应控制在接近所用挡位经济车速行驶，避免低挡高速或拖挡行驶。

4. 行车中不急加速和急减速

车辆急加速时，发动机供油量突然增加，导致燃油混合气变浓，使燃烧不充分。另外，由于急加速造成轮胎与地面的强烈磨擦而造成的噪声是匀速驾驶时的7～10倍，轮胎磨损增加70倍，追尾风险增加4.3倍。

车辆急减速，制动强度一般较大，车辆需要消耗较大的动能才能实现迅速减速或停车，重新加速或起步既浪费时间，又浪费燃料。行车中充分利用好车辆的惯性，这样既安全又省油。

▶**不良驾驶行为：**经常使用紧急制动。

5. 有序通过交叉路口

驾驶车辆行至交叉路口，提前正确估计交通信号的变化，掌握其变化规律，及时地调整车速，提前滑行，尽量在驶到交叉路口时，指挥信号灯绿灯亮，顺利通过路口，避免在交叉路口每次都停车和突然制动，造成油耗增加。

在交叉路口，遇红灯亮时，应尽量提前松抬加速踏板，靠滑行前进，等待绿灯亮。如在等候红灯放行时，应注意观察配时信号显示板。跟车等待信号时，应注意观察前车的制动灯，当前车的制动灯灭时表明前车准备起步，相应准备起步，以保证车辆平顺起步。

在拥堵的路口，遇前车频繁地制动减速、停车或者突然加速时，要注意控制自己的情绪，并与前车保持足够的跟车距离，耐心跟车行驶，不得急加速跟进或从两侧绕行穿插，以便减少急加速、急减速和停车的次数。

6. 坡道驾驶要做到安全滑行

车辆上坡行驶，应该提前预测坡路的坡度和坡长，判断爬坡适用的挡位和速度，在坡前500米轻微加速，开始上坡时就可以减少踩踏加速踏板的力度，靠车辆惯性冲坡。感到车辆无法冲到坡顶时，应及时换入低一级挡位。

下坡行驶，同样需要对坡道长度、坡度进行判断，合理利用坡道特点，使用适合的挡位控制好车速，安全滑行。

7. 不要频繁变更车道

驾驶车辆在正常行驶的车流中来回穿梭，频繁变更车道，需要不断地改变行驶方向、速度、急加速、制动，发动机一直处于不稳定工作状态，行驶距离延长，使大量的汽油在不知不觉中变成了没充分燃烧的尾气，不但扰乱了正常行驶的交通流，而且也增加了由于车辆频繁变道所造成的燃油消耗。

▶不良驾驶行为： 频繁变更车道。

某 2.4 升排量商务车方向控制不稳造成的油耗差异

挡位	方向控制	行驶速度（公里/小时）	燃油消耗（升/百公里）
4 挡	平稳	80	8.1
	不平稳	80	14.8
5 挡	平稳	90	7.6
	不平稳	90	13.8

车辆需要变更车道时，应注意观察前后方向和左右两侧的道路情况，确认可以安全变更车道时，提前开启转向灯，3秒后，缓慢转向，以较大的行车轨迹向一侧变更车道，不得盲目或频繁地变更车道。

8. 尽量减少短距离行车

冷发动机起动后，需要一段时间才能使燃油消耗达到正常状态，这个距离一般在4公里以上。车辆起步行驶后的1公里内，百公里油耗高达30～40升；行驶2公里后，百公里油耗降至20升；约行驶4公里后油耗方能达到正常状态。行车距离较短、往往在车辆还没有升温就停车，如

果频繁地短距离停车、起步，会使车辆每100公里多消耗5倍的油料。

9. 正确使用空调

车用空调为驾乘人员提供了舒适的驾驶和乘车环境，但使用不当，会缩短空调使用寿命，浪费燃油，甚至对驾乘人员的身体造成危害。正常情况下，车厢内温度以与外界温度相差5~6摄氏度为宜。

长时间在烈日下停放的车辆，车厢内温度很高，此时使用空调需加大空调负荷，增加燃油消耗。在这种情况下，应打开所有车窗，让热气排出，待车厢内温度下降后，再关闭车窗，按需要开启空调，并调节到合适温度。

空调在使用过程中，若车门、车窗关闭不严，将使制冷效果不佳，而且还浪费燃油。行车中要尽量用空调的低挡，不要为提高空调的制冷效能而使发动机高转速运转。

10. 高速行驶不开车窗

车辆在高速行驶时打开车窗会使空气阻力增大，耗油量增加，而且车速越快对油耗的影响越大。当车辆到达一定车速时，空气阻力超过空调所需的动力，增加的油耗会比使用空调还要多。

在炎热的夏天行车，当车速低于60公里/小时时，可打开车窗通风或者只用空调的通风功能，如果车速超过80公里/小时，空气阻力很大，开窗反而更费油。

某2.4升排量商务车开窗对车辆燃油消耗的影响

挡位	开窗情况	行驶速度（公里/小时）	行驶距离（米）	燃油消耗（升/百公里）
5挡	开窗	60	500	6.4
	不开窗	60	466	6.4
	开窗	90	502	8.0
	不开窗	90	524	7.6

▶**不良驾驶行为：**开车窗高速行驶。

四、做好车辆检查维护

车辆完好的技术状况是节能驾驶的基础，保持汽车完好的技术状况就必须加强车辆维护和检查。

1．做好车辆维护

为预防不必要的高油耗和有害物质排放，驾驶员要做好以清洁、调整、润滑、紧固为内容的车辆维护。按生产厂家提供的维护计划检查发动机燃油系统、变速器、转向机构、制动系、皮带、空调、减振器、前轮定位及其他易磨损和破碎的零件。

1)保持车身清洁

做好车辆的清洁，能减少空气阻力，减轻车辆负重，减小摩擦阻力，达到节约燃料和其他运行材料，减少污染的作用。

经常擦拭门窗玻璃，清洁车身外表，保持车辆整洁；及时清洗车身底盘上附着的泥土和污物，打扫车厢和驾驶室内的垃圾；坚持擦拭发动机，清洁各总成部件上覆盖的油污，保持发动机及其他各总成部件清洁无污垢。

▶**不良驾驶行为：**不清洁车辆。

2)空气滤清器的维护

经常维护发动机的空气滤清器，净化进入发动机汽缸的空气。纸质滤芯干式空气滤清器，一般每行驶5000公里清洁一次，每行驶25000公里应更换纸质滤芯。如果滤清器太脏，将会阻碍空气畅通，从而造成燃油消耗增加。

▶**不良驾驶行为：**不清洁空气滤清器。